# SOUVENIRS
# DE FAMILLE

OU

## SIMPLE NOTICE

POUR TENIR LIEU D'ORAISON FUNÈBRE

SUR

1° **JEAN-LOUIS ROUSSET**, MON PÈRE,
mort le 27 février 1811 ;

2° Et **CHARLES ROUSSET**, MON ONCLE L'ABBÉ,
mort le 10 juin 1794 ;

*Enterrés tous deux au cimetière
de St-Georges-de-Reneins.*

PAR **A.-M. ROUSSET.**

## Dédié à mes Enfants.

*Memoriæ patris et avunculi
Hoc monumentum pacis et filiorum pietatis erexi.*

A la mémoire de mon père et de mon oncle l'abbé ;
j'ai érigé ce monument de paix et de piété filiale.
A défaut de mausolée en marbre et de superbes monuments, le cœur seul a fait tous les frais de celui-ci.

## LYON

IMPRIMERIE DE MOUGIN-RUSAND,

Rue Centrale, 4.

1850.

Iuni 27 18039

# SOUVENIRS

# DE FAMILLE

APRÈS LE SIÉGE DE LYON.

# SOUVENIRS

# DE FAMILLE.

Pour nous apprendre à nous défier de l'esprit révolutionnaire et à détester ses excès, ses fureurs, la plupart des Français n'auraient peut-être qu'à s'enquérir des tribulations éprouvées par leur famille pendant la période de 1792 à 1794, appelée vulgairement le *temps de la Terreur;* et qu'elles furent rares en effet les familles qui n'eurent pas alors quelques victimes à déplorer ou quelques violences à subir !...

Aussi, chaque fois que je vois à Lyon, depuis le suffrage universel, tant d'électeurs voter de préférence pour le candidat le plus exalté, le plus ignorant, le plus rouge, comme on dit à présent, je ne puis m'empêcher de m'écrier par devers moi :

« Mais les parents de tous ces gens-là n'ont donc point éprouvé de malheurs pendant la première révolution ! etc., etc. »

J'arrive à ma notice :

La famille Rousset, de Panissières, près de Feurs (Loire), famille très-nombreuse par elle-même et par ses alliances, soit dans le Forez, soit dans le Lyonnais, et famille ancienne de notaires, se composait alors notamment de deux frères : l'un, Jean-Louis, né le 9 novembre 1766; et l'autre, Charles, surnommé l'*abbé*, parce qu'il se destinait à la carrière ecclésiastique, né le 1er novembre 1769, lesquels avaient tous deux soutenu le siége de Lyon.

M. Jean-Louis Rousset racontait souvent à ses jeunes enfants et la manière presque miraculeuse dont lui-même avait échappé plusieurs fois à la mort après le siége, et la triste fin de son frère l'abbé dans l'auberge du *Cheval-Noir*, au bourg de Saint-Georges-de-Reneins, près Villefranche (Rhône).

## § 1.

Comment périt misérablement M. Charles Rousset, dans l'auberge du Cheval Noir, le 10 juin 1794, à l'âge de vingt-quatre ans et demi.

Les vieillards de Saint-Georges-de-Reneins se rappellent encore les détails dramatiques de la mort de M. Charles Rousset, victime innocente des fureurs révolutionnaires.

Saint-Georges-de-Reneins est un gros bourg encadré au nord et au midi par deux rangées de grands peupliers d'Italie, le long de la route nationale de Lyon à Paris par la Bourgogne, et environné d'autres côtés par plusieurs châteaux antiques dans des positions accidentées; on y remarque le château de *Vallière* appartenant à la famille de Monspey, et le château de *Laye* à la famille de Fleurieu, avec leurs avenues, leurs parcs et vastes dépendances. Ce bourg est encore entouré d'autres côtés par de verts bosquets et par deux ruisseaux bien boisés, où l'on entend durant la belle saison le chant d'une foule d'oiseaux du pays, parmi lesquels on distingue celui de plus de cent rossignols. Ces ruisseaux, prenant leurs sources vers les riches coteaux de vignobles, viennent, en serpentant dans la plaine, faire mouvoir les usines du meûnier fidèle et arroser ensuite de belles prairies qui se prolongent jusque vers les rives de la Saône, laquelle borde aussi tout ce pays favorisé du ciel, appelé autrefois la province du Beaujolais (1).

C'était au commencement de juin 1794: M. Charles

---

(1) Un souvenir historique est venu depuis se rattacher au bourg de Saint-Georges:

Ce souvenir, c'est le combat qui eut lieu le 8 avril 1814 entre l'armée française, commandée par le maréchal Augereau, et les Autrichiens, commandés par le prince de Hesse-Hombourg.

Devant un ennemi, bien supérieur en nombre, la retraite des Français sur Lyon fut glorieuse.

Quelques-uns des peupliers qui longent la grande route portent encore les cicatrices des boulets de cette journée.

Rousset, âgé de 24 ans et demi, jeune homme de la plus grande espérance et qui avait achevé de fortes études, était venu pour la première fois de sa vie à Saint-Georges-de-Reneins, visiter son frère Jean-Louis, qui y résidait depuis quelques mois; sans doute l'abbé Rousset cherchait à la campagne, auprès de son frère du Beaujolais, à se distraire des grands évènements et des drames terribles qui se succédaient alors presque tous les jours en France ;

Les deux frères, ce jour-là, étaient habillés de même en bourgeois, et nul ne savait, au bourg de St-Georges-de-Reneins, le surnom de l'*abbé* réservé à la famille Rousset, ni la carrière à laquelle Charles se destinait.

Voilà les portraits que nous ont transmis, de mon père et de mon oncle l'*abbé*, les parents et amis qui les ont connus à cette époque-là, c'est-à-dire à l'âge de 24 et 25 ans environ, tous deux :

*M. Jean-Louis Rousset* était grand, blond, d'une figure douce, joviale, souriante; il avait de beaux yeux bleus, un peu tendres ; une voix sonore, flexible, agréable, qui modulait admirablement et tour-à-tour l'ode patriotique ou la chanson bachique, ou l'hymne des amours; des dehors affables, un caractère ouvert, liant, des manières faciles; jeune, actif, généreux, menant de front les plaisirs et les affaires, et sachant parfaitement se mettre à la portée de toutes les classes de la société et de toutes les opinions : grands et petits, nobles et roturiers, prêtres et gens du monde, artisans et agriculteurs, devenaient volontiers ou ses clients ou ses amis ; c'est là ce qui explique la grande popularité dont il a joui bientôt auprès de ses nouveaux concitoyens du Beaujolais, comme il en avait déjà joui auprès de ses concitoyens du Forez, son pays natal, et même du Lyonnais, sa résidence d'occasion.

Et *M. Charles Rousset*, son frère puîné, ne lui cédait en rien, dit-on, sous le rapport de la grâce, de l'aisance, de la distinction ; il avait une belle chevelure brune et des grands yeux noirs, la taille moins élancée, mais mieux prise que celle de son frère, et, quoique plus jeune, il avait l'air plus fort, plus mâle, plus réfléchi ; il y avait en lui moins de familiarité, moins d'abandon devant le public, mais au contraire plus de retenue, plus de gravité, résultat sans doute des études sérieuses auxquelles il s'était déjà livré et de la carrière qu'il s'était proposée dès l'enfance.

Ces jeunes gens, ayant perdu leur père à l'âge de douze et treize ans, s'étaient produits de bonne heure dans la vie sociale et agitée de leur époque, et quoique contrastant un peu par la taille et par la couleur de leurs yeux et de leurs chevelures, les deux frères se ressemblaient beaucoup sous divers autres rapports, tellement qu'on les confondait souvent l'un avec l'autre, et ils étaient tous deux si aimables en société qu'on ne savait auquel donner la préférence.

Et c'est là aussi le portrait de mon père tel que ma mémoire me le représente encore pendant les quelques années qui ont précédé sa mort prématurée, survenue par suite d'accident.

M. Jean-Louis Rousset, célibataire alors (au mois de

juin 1794), et visité à St-Georges par son frère l'abbé, le mène loger dans l'hôtel ou auberge dit du *Cheval-Noir*, chez Guillin, au milieu du bourg, ayant deux façades et enseignes, l'une sur la grande route de Paris, et l'autre au coin de la rue de *Fourratier*; dans cette auberge, se réunissait habituellement la société des bons vivants et des propriétaires aisés du pays.

C'était le 10 juin, neuf heures du soir; ce jour-là *chez Guillin*, la société était nombreuse et occupée les uns à converser familièrement des évènements du temps, et les autres à jouer, boire et rire suivant l'usage du Beaujolais; usage qui, dit-on, s'est heureusement conservé au bourg de St-Georges, où les jeunes gens préfèrent encore à la triste politique et aux débats de l'esprit de parti, passer leurs moments de loisir à converser sur la chronique locale et à jouer, rire, boire et chanter gaiement, comme faisaient leurs pères. L'aubergiste Guillin était considéré par les habitués, plutôt comme un convive spirituel, un commensal agréable que comme leur serviteur.

La société du village était donc ainsi réunie dans ces dispositions pacifiques, et Charles Rousset qui, depuis quelques jours déjà, était logé dans l'auberge et avait, sous les auspices de son frère, fait connaissance avec la plupart des habitués; Charles Rousset participait honnêtement à ces conversations amicales, à cette joie et à ces jeux, lorsque tout-à-coup on annonce sur la grande route de Paris l'arrivée d'une troupe armée dite *des Marseillais*, revêtus d'un uniforme militaire, lesquels devaient traverser le bourg de St-Georges se dirigeant vers Lyon.

L'histoire de la Révolution rappelle, et nos anciens se souviennent fort bien comment il s'était formé alors, dans le midi de la France, plusieurs bandes d'exaltés qui, sous le nom de *Marseillais*, traversèrent les départements du centre en se rendant à Paris, criant, hurlant, vociférant et dévastant les châteaux et les églises; soldats de désordre et de pillage, fort indisciplinés, mais dans le fait soldats plus terribles dans les clubs ou sur les grandes routes et places publiques de l'intérieur, que sur les champs de bataille contre l'étranger, comme sont dans to us les temps la plupart des démagogues.

Et c'est de là qu'on a appelé *la Marseillaise* la belle ode patriotique de *Rouget de Lille*, laquelle fut si profanée alors par ces bandes d'*exaltés*, que pendant longtemps aucun citoyen honnête n'osa plus la chanter.

Déjà, l'année précédente, cette même troupe indisciplinée avait, en allant de Marseille à Paris, commis toute espèce de dégâts à St-Georges, buvant, mangeant et cassant au préjudice du public et surtout de l'aubergiste Guillin; des querelles graves s'en étaient suivies. Voilà ce qu'ignorait mon oncle l'abbé; mais le souvenir en était resté dans la mémoire des habitants; aussi à ce cri : *Voilà les Marseillais, voilà les Marseillais!* ce nom seul fit trembler tout le bourg; vous eussiez vu les portes se fermer, chacun s'empresse de se retirer et de se clore chez soi; on aurait dit qu'il n'y avait pas assez de serrures ni de verroux, comme on fait à l'approche d'une horde de brigands.

Dans l'auberge du *Cheval-Noir* notamment, les jeux, les rires et les conversations cessent aussitôt ; la porte se ferme, la plupart des habitués, qui connaissaient déjà par expérience l'audace de ces forcénés, s'enfuyent par une issue sur le derrière ; Guillin fut de ce nombre. La femme Guillin, seule, reste avec M. Charles Rousset et Canard, dit Mineur, jeune homme d'une force athlétique. Plusieurs Marseillais arrivent, frappent à la porte ; mais personne ne répond, personne ne veut ouvrir. La soirée s'avance, il était grande nuit ; les Marseillais crient, tempêtent et essayent d'enfoncer la porte à grands coups de pieds et de crosses de fusils et de baïonnettes ; celle-ci tremble sur ses gonds ; la femme Guillin n'ose pas s'approcher ; elle prie alors M. Charles Rousset de venir parlementer avec ces audacieux aggresseurs, la porte était sur le point de céder. Mon oncle, simple voyageur logé dans l'auberge, se dévoue et va droit à la porte ; d'abord il parlemente avec ces furieux qu'il ne voit pas, mais qu'il entend. Sur leur insistance, mon oncle promet qu'on leur ouvrira ; les Marseillais, de leur côté, protestent qu'ils ne feront mal à personne : bref, Charles Rousset, après cet accord et se fiant à la parole de ces inconnus, tire les verroux et tourne la clef de la serrure ; mais à peine la porte a-t-elle roulé sur ses gonds, que plusieurs individus entrent l'arme au bras et, la menace à la bouche, se mettent aussitôt à faire perquisition dans l'auberge et dans tous les lieux qui en dépendent.

Vainement la femme Guillin essaye de les apaiser et leur offre à boire et à manger ; comme cette troupe de forcenés n'avait sans doute pas trouvé ceux qu'elle cherchait, elle revient bientôt entourer la table où étaient assis paisiblement Canard. Mineur et Charles Rousset, en criant et brandissant leurs armes Canard parvient à se dégager du milieu de ces énerguménes et à s'enfuir par l'issue sur le derrière de l'auberge ; mon oncle moins heureux, et d'ailleurs ne connaissant pas si bien les lieux, cherche en vain à s'échapper dans la cour. Poursuivi et ramené par trois de ces bandits, il est serré de près vers la porte qui communique de la cuisine à la salle à manger, et se sent percé d'un coup de baïonnette au ventre. Il tombe sur la dalle qui retentit de sa chute, le sang ruisselle ; les Marseillais, habitués au meurtre et au pillage, jouissent de leur victoire. L'horloge sonne minuit, heure fatale à Charles Rousset ; vainement on apporte de prompts secours au blessé. Son frère Jean-Louis est informé au lieu de Laye où il était couché ; il accourt : la femme Guillin, le médecin, les voisins, les amis, tous s'empressent ; mon oncle expire quelques minutes après, en présence de ses assassins triomphants qui continuent leurs cris et leurs orgies pendant toute la nuit.

Voilà la pure vérité, telle qu'elle a été attestée depuis par son frère Jean-Louis et par plusieurs témoins dignes de foi.

Ainsi périt misérablement, à l'entrée de la vie, un jeune homme plein d'avenir, l'espoir de sa famille, victime d'une exaltation politique à laquelle il n'avait pris aucune part, ou plutôt victime de son humanité, de sa confiance en la bonne foi des hommes, laissant des regrets éternels à tous ceux qui l'avaient connu. Dieu sans doute aura recueilli son âme dans le paradis des justes, des innocents, des braves.

Mais un pareil crime criait vengeance.

J'ai bien appris, que l'aubergiste Guillin avait eu l'année précédente quelques démêlés avec ces Marseillais qui, en partant de Saint-Georges, avaient proféré des *menaces terribles*, et que le coup mortel, dont mon pauvre oncle a été atteint, était destiné à d'autres que la bande avait vainement cherchés dans l'auberge.

J'ai bien appris que, sur la plainte de la famille Rousset, deux des brigands qui avaient commis ce lâche assassinat ont été traduits depuis devant la cour d'assises et ont été condamnés à une peine temporaire, attendu, disait-on, que l'auteur principal du crime avait pris la fuite ; mais cette justice partielle et tardive n'a pas tari la source des larmes d'une mère éplorée et de frères et sœurs longtemps inconsolables à la nouvelle si imprévue de la triste fin d'un fils et frère chéri.

A l'appui de ce qui précède, j'ai pu recueillir quelques pièces officielles ; ce sont :

1° L'expédition d'un jugement de la commission militaire de Lyon, en date du 23 octobre 1793 qui purifie Charles Rousset du crime d'avoir soutenu le siége ;

2° Un certificat de civisme, a lui délivré par la municipalité de Vaugneray, le 17 novembre 1793, qui servit de passeport à Charles Rousset pour venir en Beaujolais;

3° Un extrait du procès-verbal dressé à la mairie de Saint-Georges, le 10 juin 1794, constatant l'assassinat commis la nuit dans l'auberge du Cheval-Noir;

Et 4° une note intitulée : *Journal de ma vie*, écrite et rédigée par Charles Rousset lui-même, et trouvée dans sa poche, après le meurtre;

Et, aujourd'hui encore, en 1850, après 56 ans, en relisant ces pièces, le neveu qui se rend ici l'écho des regrets de sa famille, ne peut s'empêcher de gémir intérieurement en songeant par quelle réunion fortuite de circonstances fatales, cette belle existence a été engloutie ainsi, dès son aurore, dans le gouffre de l'anarchie. Telle fut la mort de mon oncle l'abbé.

Passons maintenant aux faits relatifs à M. Jean-Louis Rousset; faits moins sanglants, sans doute, mais plus providentiels peut-être.

## § 2.

Comment M. Jean-Louis Rousset fut forcé de fuir le Forez et de fixer sa résidence dans le Beaujolais, et comment il échappa plusieurs fois et presque miraculeusement à la mort après le siége de Lyon.

M. Jean-Louis Rousset avait reçu dès son enfance dans sa famille le surnom de *Chambost*, pour le distinguer de ses frères ; ce surnom venait de ce qu'il avait été mis en nourrice dans la paroisse de Chambost ; et il n'était volontiers connu dans le Forez et le Lyonnais que sous ce surnom de *Chambost, Rousset Chambost, le grand Chambost.*

Il fut destiné, dès son bas âge, à la carrière du barreau, du notariat, à la science des lois, comme la plupart de ses parents ; aussi, après avoir étudié pendant plusieurs années chez divers notaires, notamment chez ses oncles, M. Rousset, notaire à Néronde, et M. Ducreux, notaire à St-Martin-en-Haut, et dans diverses études de procureurs, soit à Lyon, soit à Montbrison, surtout en l'étude de M. Avignan, procureur à Lyon, M. Jean-Louis Rousset, parvenu à l'âge de vingt-cinq ans, venait de se faire recevoir lui-même avoué près les tribunaux de Montbrison.

On sait que cette dénomination d'*avoué* a été substituée à celle de *procureur* près des tribunaux nouvellement organisés par nos assemblées constituantes d'alors, mais qu'en réalité les attributions des uns et des autres sont à peu près les mêmes ; le nom d'*avoué* a seulement rajeuni alors celui de *procureur* trop décrié parmi le peuple et ridiculisé par Molière.

Eh ! demandons-nous aujourd'hui : Les justiciables ont-ils beaucoup gagné à ce changement de dénominations?... N'est-ce pas encore la forme et la fiscalité qui l'emportent trop souvent sur le fond?... Et combien d'autres prétendues grandes innovations, créées et préconisées depuis soixante ans, ne consistent, comme celle-ci, qu'en un changement de *mots, de noms !*

Quoi qu'il en soit, M. Jean-Louis Rousset fut un des premiers avoués nommés, et il exerçait sa profession avec honneur et profit près les tribunaux de Montbrison, chef lieu du département de la Loire, où était son pays natal, et où, secondé par ses frères et ses amis, il s'était déjà créé de nombreuses relations et une belle clientèle, lorsque survint le siége de Lyon.

L'histoire du temps a conservé le glorieux souvenir qu'à la nouvelle du soulévement des Lyonnais contre la tyrannie de Robespierre, la ville de Montbrison et tout le Forez s'émurent, et que trois cents volontaires dévoués furent choisis pour venir au secours de Lyon. M. Jean-Louis Rousset fit partie de cette troupe d'élite, de ces trois cents alliés, fidèles au jour du danger, qui vinrent s'enfermer dans la ville assiégée ; noble dévoûment qui eut malheureusement trop peu d'imitateurs !...

Les Montbrisonnais arrivés à Feurs furent présentés au colonel Du Rosier, qui commandait la cavalerie du Forez, et bientôt M. Jean-Louis Rousset fut chargé spécialement, avec quelques cavaliers, de parcourir les campagnes du Rhône et de la Loire pour approvisionner la place avant qu'elle fût entièrement cernée ; mission importante, dont mon père s'acquitta parfaitement.

En effet, plusieurs habitants des environs de Lyon, notamment des communes de Vaugneray, de Saint-Martin en-Haut et de Panissières, ont raconté depuis aux enfants Rousset avoir vu à cette époque, c'est-à-

dire dans les premiers jours de septembre 1793, leur père, en costume militaire et à la tête de plusieurs cavaliers, parcourant leur contrée pour recueillir des vivres et toutes espèces de denrées utiles aux assiégés.

Et certes M. Jean-Louis Rousset connaissant particulièrement la plupart des communes soit du Lyonnais, soit du Forez, où il rencontrait partout des parents et des camarades, était bien l'homme qui convenait à cette mission tout à la fois militaire et pacifique; aussi le colonel Du Rosier le loua-t-il plusieurs fois du bon résultat de ses diverses excursions.

La bataille de *Sulvezinet*, près de Feurs, eut lieu le 3 septembre; quatre cents Lyonnais mirent en déroute quatre mille paysans; mon père y prit une part active et avait ainsi dignement inauguré sa première campagne militaire.

Mais la fortune devait trahir le courage des Lyonnais; bientôt la ville fut cernée par une nombreuse armée, dont la force et les ressources allaient toujours en augmentant, tandis que celles des assiégés allaient au contraire en diminuant.

Je ne veux pas ici rappeler les phases si émouvantes et si intéressantes de ce fameux siége; qu'il me suffise de dire que M. Jean-Louis Rousset, fit son devoir, dans les postes les plus périlleux.

A l'attaque de Perrache, où succomba glorieusement le brave colonel Du Rosier, M. Rousset vit l'un de ses amis, son plus proche voisin, emporté par un boulet, et il fut lui-même légèrement blessé; il se souvenait aussi d'avoir mangé du pain noir et lourd, fait avec du son et de la viande de cheval rôtie, vers la fin du siége.

Bref, Lyon, réduit par la famine et en outre déchiré par les divisions intestines du parti jacobin, ne pouvait plus tenir. Le général Précy, au lieu de songer à se rendre et à subir les fourches caudines, médite la sortie vigoureuse de tous les braves qui, comme lui, n'avaient rien à espérer de la *clémence terroriste*.

Fait d'armes des plus hardis, où l'on a vu sept cents Lyonnais seulement s'échapper du clos de la Claire, au faubourg de Vaise, suivre le cours de la Saône jusqu'à Saint-Rambert, Poleymieux et Quincieux, au travers d'une armée de plus de vingt mille assiégeants, et en outre poursuivis, hués et traqués comme des *loups-garous*, sous le nom de *Muscadins*, par la population des campagnes, appelée aux armes au son du tocsin et des tambours; population, à qui le fanatisme révolutionnaire avait rendu odieux le nom de *Lyonnais*, naguère si estimé, si vénéré dans ces mêmes contrées.

C'était le 9 octobre 1793, à huit heures du matin, en plein jour, que fut faite la sortie du général Précy; de ces sept cents braves, un tiers environ a péri en combattant, et les deux autres tiers sauvèrent leurs vies en se dispersant et se cachant dans les bois, et s'isolant chez les habitants les plus humains; le dernier groupe parvint le premier jour aux bois d'Alix, et le second jour, quoique entouré, dès le matin, par des masses hostiles, il parvint le soir aux bois de Saint-

Romain de Popey, décimé et harassé de faim, de soif et de sommeil, après deux jours de luttes, de marches et de fatigues.

Admirons le courage et la fermeté de ces héros ; et jetons un voile, s'il est possible, sur les aberrations de l'esprit humain en cette circonstance.

Il faut lire la relation de cette sortie des Lyonnais, écrite par le général Précy lui-même, quelque temps après son évasion, et les détails dramatiques et terribles qui s'y rattachent.

Voir la *Revue du Lyonnais* en 1847, qui contient cette relation du général Précy.

M. Jean-Louis Rousset, simple cavalier, fit partie de l'avant-garde, laquelle ouvrit le passage et soutint divers combats, soit à Saint-Rambert, soit à Poleymieux; il perdit son cheval à ce dernier combat de Poleymieux, et une fois parvenu près de la grande route de Paris, au lieu des Chères, au dessus de Chasselay, voyant que les Lyonnais commençaient à se débander ; les uns prenaient à droite de la route pour se diriger vers le bois d'Alix, et les autres prenaient à gauche pour se diriger vers Quincieux ou vers la Saône. Mon père fut du nombre de ces derniers, avec un autre cavalier démonté comme lui ; et bientôt en butte aux huées et poursuites des paysans, tous deux se mettent à courir par monts et par vaux, en pleins champs plutôt que dans les chemins; du côté de Quincieux, vis-à-vis, mais bien au-dessus de Trévoux ; là, en courant dans ce pays à eux inconnu, ils parviennent près d'un château, et longeant les murs, ils trouvent une barrière de jardin et de parc entr'ouverte. Tous deux sont accablés de lassitude et de faim ; ils n'hésitent pas longtémps, ils entrent, ils pénètrent en fuyant dans le parc du château , et bientôt ils s'asseient dans le bois , espérant y trouver asile et repos; mais ils avaient été aperçus entrant dans le bois par quelques paysans qui accourent en criant : *Rendez-vous, Muscadins ; rendez-vous, Muscadins*, etc. , etc. Ces cris donnèrent l'éveil à une partie de la garde nationale du pays , mise ce jour-là tout entière sur pied au son des cloches, commandée par un jeune et brave citoyen, M. Aynès, propriétaire à Quincieux; ce nom sera éternellement cher aux enfants Rousset , puisque M. Aynès a sauvé la vie à leur père dans cette grave occurrence comme on va le voir (1).

Les paysans font des recherches dans le parc ; les deux Lyonnais, pressés par le danger, se réfugient alors chez le jardinier du château , lequel tremblant de peur , mais ému de compassion , les fait cacher à la hâte dans la cave du château, leur remet d'abord quelque nourriture pour soutenir leurs forces épuisées , et va aussitôt consulter en secret M. Aynès, qui se

(1) M. Aynès vient de mourir à Quincieux, laissant un fils, magistrat honorable, et d'autres enfants qui ignorent peut-être la belle conduite de leur père en cette circonstance. Conduite, d'autant plus belle qu'elle n'était certes pas sans danger pour lui. Que sa postérité veuille bien agréer, aujourd'hui, le témoignage public de la gratitude de la famille Rousset !

trouve de connaître l'un des deux prisonniers ; le camarade de mon père ; M. Aynès, animé par une inspiration d'humanité, recommande de suite au jardinier la plus grande discrétion, la plus grande prudence.

Mais à peine les deux prisonniers étaient-ils cachés dans la cave, que voilà plusieurs gardes nationaux du canton qui accourent du parc dans le château, cherchant des Lyonnais que l'on a vus fuir et errer dans le bois ; le jeune commandant ne tarda pas d'appeler ses soldats loin de la cave servant de cachette à nos deux réfugiés ; toutefois les deux Lyonnais entendent très-distinctement au-dessus de leurs têtes les piétinements de la troupe qui les cherche. Qu'on juge de leur inquiétude et de leurs angoisses en ce moment-là !....

C'est dans l'ancien château *de La Salle*, presque entièrement démoli depuis, que cette scène se passait. Les alentours en étaient alors très-boisés : et ce n'est pas ma faute, si ce récit prend un caractère un peu *romantico-tragique*; il n'est ainsi que trop conforme à la vérité, et il n'y a pas eu besoin d'exagérer.

Et qui ne sait que les Lyonnais qui furent faits prisonniers ce jour-là ont été livrés, peu après, aux tribunaux révolutionnaires, et ont tous péri depuis sous la hache des bourreaux ou sous la mitraillade des Jacobins ?....

M. Jean-Louis Rousset racontait ensuite comment, après avoir séjourné dans cette cave humide un jour et deux nuits, le jardinier dévoué à M. Aynès vint les y chercher et les conduire pendant la seconde nuit dans un domaine appartenant à M. Aynès, situé non loin du château de La Salle, sur Quincieux, où le propriétaire leur avait préparé une retraite plus confortable, loin des yeux indiscrets ; retraite dont lui seul avait les clefs.

M. Aynès a dit depuis que, par suite d'un accord avec le jardinier, chaque fois qu'il voulait envoyer des vivres, des provisions aux réfugiés du domaine, il lui commandait ainsi devant ses domestiques : « *Va porter une botte de foin aux chevaux du domaine,* » ordre qui signifiait : « *Va porter la nourriture aux Lyonnais.* » Et les provisions étaient en effet cachées dans une botte de foin.

M. Rousset racontait comment les deux Lyonnais avaient passé huit jours et huit nuits dans cette retraite du domaine, séjour qui leur avait paru durer un siècle à cause de l'incertitude où ils étaient sur leur sort et sur celui de leurs amis, et comment, après ces huit jours et autant de nuits écoulés, M. Aynès vint lui-même pendant la huitième nuit visiter les prisonniers et les faire évader plus loin de Lyon, sous la conduite du jardinier discret, guide fidèle dont le nom aurait si bien mérité aussi une mention honorable, s'il était parvenu jusqu'à moi. En effet, de pareils services ne se récompensent pas suffisamment *avec de l'or* : que sa belle action serve au moins d'exemple à tous !....

Les deux Lyonnais sont amenés, durant une nuit obscure, par des chemins détournés à douze kilomètres environ de Quincieux, sur la commune de Saint-Geor-ges-de-Reneins, non loin du lieu appelé l'*Ave Maria*, dans le bois qui entourait le château de Laye, connu sous le nom de *Bois Baron*, où ils attendirent le lever du soleil pour se reconnaître.

Les réfugiés ne pouvaient prendre trop de précau-tions ; en effet, qu'on se rappelle la terreur géné-rale qui régnait alors. La France entière était cou-verte de corps de gardes et de patrouilles civiques, mais surtout dans les villages autour de Lyon.

M. Aynès n'avait pas laissé partir les deux Lyonnais sans provisions ; et d'abord, en échange de leurs cos-tumes militaires, on les avait affublés d'habits moitié bourgeois, moitié campagnards ; et ils avaient de bonnes recommandations auprès de Monsieur et Ma-dame Duchaîne-Aynès, sa sœur et son beau-frère, propriétaire et maître de poste au bourg de Saint-Geor-ges-de-Reneins, chez qui les deux réfugiés trouvèrent bientôt aussi asile sûr et toute espèce de secours.

Toutefois, M. Jean-Louis Rousset et son compa-gnon d'infortune continuèrent, pendant quelque temps, à se cacher dans le *Bois Baron*, et même à y coucher souvent ; à cette fin, ils s'y étaient pratiqué plusieurs cabanes à l'aide de vieux arbres et de fagots, comme faisait le général Précy, au même moment, dans le bois de Sainte-Agathe, et ils pouvaient ainsi varier leurs entrées et sorties du *Bois Baron*, et trom-per les cent yeux de la police jacobine, s'il était néces-saire.

Que la nouvelle génération, trop insoucieuse du

passé et des horreurs commises sous le régime de la Convention, veuille bien lire dans la relation du général Précy, déjà citée, quelle vie inquiète et vagabonde ce général fut forcé de mener lui-même alors dans les bois de Saint-Romain-de-Popey et de Sainte-Agathe, pendant plus d'une année, pour soustraire à la fureur révolutionnaire sa tête mise à prix par les jacobins de 1793, et cette génération si légère ou si imprudente aura une juste idée des avantages et des douceurs du nouveau régime que lui préparaient, sans doute, les modernes révolutionnaires de 1848!...

Cette vie de mon père, dans les cachettes du *Bois-Baron*, dura plusieurs mois, tandis que l'autre Lyonnais, ayant acquis plus de sécurité, ne tarda pas à se retirer au sein de sa famille : cruelle séparation!... car on sait que la communauté d'infortunes unit mieux et plus vite que celle de la prospérité.

Ainsi, voilà la carrière d'avoué à Montbrison close pour M. Jean-Louis Rousset; voilà toute une existence qui s'annonçait sous les meilleurs auspices, à recommencer à l'âge de 27 ans; les liens antérieurs furent rompus : *le salut avant tout.* Et bien en prit au *forézien*, comme on appela mon père pendant quelque temps au bourg de Saint-Georges, de ne pas retourner de sitôt, ni à Panissières, son pays natal, ni à Montbrison, sa résidence précédente, ni à Lyon où les sbires l'attendaient et où son signalement avait été donné, comme on va le voir.

Voilà donc une nouvelle vie qui commence pour M. Jean-Louis Rousset, en Beaujolais; quelle sera-telle?.... suivons-en rapidement les traits , précisons les dates.

C'était le 9 octobre 1793 que mon père sortait de Lyon avec le général Précy.

C'était dix jours après , soit le 19 octobre environ , qu'il abordait à Saint-Georges , pendant une nuit sombre , par le lieu de l'*Ave Maria*, et venait se cacher dans le bois Baron.

M. Jean-Louis Rousset eut d'abord fait connaissance, dans le voisinage de ce bois , avec divers habitants du hameau de Marsangues , notamment avec M. de Laye , père de l'ex-marquis Despinay *de Laye*, qui vient de mourir à Paris ; le père était alors un vieillard infirme qui menait une vie très-retirée dans son château, en compagnie de trois filles jeunes alors et mariées depuis.

Est-il utile de rappeler ici qu'un séquestre général frappait sur les biens *des anciens nobles* , et que, plus tard , par suite des démarches de M. Rousset , le nom de M. de Laye père fut rayé de la liste des *séquestrés*, et qu'en considération de ce service important, M. de Laye vendit à mon père une partie de la coupe du même *bois Baron* à un prix avantageux , spéculation de revente de bois à laquelle mon père dut consacrer deux années environ ?....

Mais recommandé d'abord par M. Aynès à la famille Duchaîne , du bourg de Saint-Georges , le *forézien* se produisit sous ses auspices dans le bourg et notamment dans l'auberge *du Cheval-Noir* , chez Guillin , où se réunissait chaque soir ce qu'on appelait alors *la société des Bons-Enfants*, composée de la plupart des propriétaires d'alentour.

C'était dans cette auberge que Charles Rousset, son frère puîné, succombait misérablement dans la nuit du 10 juin 1794, ainsi qu'il a été raconté plus haut.

Mon père était informé qu'après l'entrée de l'armée républicaine à Lyon, il avait été signalé à l'autorité terroriste comme l'un des volontaires venus de Montbrison pour se joindre aux assiégés, et que, pour ce fait, il avait été condamné par coutumace à la *peine de mort*, ainsi que la plupart de ses anciens chefs et compagnons de sortie du général Précy.

Mon père était informé que, dans l'ignorance de sa retraite, l'autorité terroriste allait souvent faire des perquisitions pour le découvrir, soit à Panissières, au sein de sa famille, soit à Montbrison, à son ancien domicile.

Ici se présente une dernière circonstance, dans laquelle la vie de M. Jean-Louis Rousset a couru également le plus grand danger; la voici :

Plusieurs mois s'étaient déjà écoulés à Saint-Georges, sans que mon père s'y vît inquiété : la confiance et l'espérance renaissent vite dans le cœur de la jeunesse française ; mon père recevait des nouvelles rassurantes de la ville de Lyon : on lui avait peint la terreur comme amortie et les dispositions de l'autorité comme conciliantes ; il désirait ardemment revoir Lyon et quelques parents et amis qu'il y avait laissés. C'était au commencement de mars 1794 ; depuis plu sieurs jours cette idée d'un voyage à Lyon lui roulait dans la tête ; enfin, il cède à son impatience , il part. Arrivé à Lyon sans incident, il va loger dans un petit *hôtel* de lui bien connu, où il avait déjà souvent logé et comme voyageur, lorsqu'il venait de Pannissières , et comme pensionnaire, lorsqu'il était clerc de procureur.

Ce modeste hôtel existe encore aujourd'hui à peu près tel qu'alors et sous le même nom ; c'est l'*hôtel de l'Etoile* , situé dans le quartier Saint-Jean , rue du Bœuf, et ayant une seconde issue sur la rue Saint-Jean; une partie du rez-de-chaussée est consacrée à des écuries et remises , et l'on monte quelques escaliers pour arriver à la cuisine et à la salle à manger. Ce petit hôtel où logeaient alors des personnes fort considérées était tenu d'une manière assez confortable par *les dames Teillard* , dont le nom n'est pas encore oublié dans le quartier.

Les hôtels de Lyon sont devenus bien plus élégants, et la ville a pris de vastes développements ; mais sous le rapport de l'aisance et de l'abondance, nos pères , il me semble , étaient certes aussi bien servis dans leurs modestes hôtels , dans leurs chambres borgnes , que nous le sommes aujourd'hui dans nos hôtels les plus brillants , les plus luxueux.

M. Jean-Louis Rousset, logé chez les *dames Teillard*, circule imprudemment dans les rues de Lyon, et revient chaque jour dîner à la *table d'hôte* , à quatre heures du soir, avec les pensionnaires et les voyageurs de l'hôtel. Plusieurs anciens soldats du siége participaient à ce dîner, composé d'environ douze à quinze convives ; on y oubliait ses peines et ses dangers. La conversation y était gaie et expansive comme entre jeunes gens qui ne s'étaient pas revus depuis long-temps, et qui, ayant été dispersés par l'orage, avaient beaucoup de choses à se raconter. Cette réunion d'anciens soldats du général Précy fut-elle dénoncée par quelques exaltés du temps ?... on l'ignore ; mais un jour ( c'était, m'a-t-on dit, le 7 ou le 8 mars 1794, pendant l'heure du dîner), tout-à-coup l'*hôtel de l'Etoile* est cerné par la force publique ; des agents de police montent au premier et aux étages supérieurs, explorent l'hôtel dans tous ses détails, et surtout la salle à manger où se trouvaient les convives de la table d'hôte. Les agents font le tour de la table et interrogent chaque convive sur ses noms, domicile et vie antérieure ; d'après ce simple interrogatoire, ils avaient déjà arrêté trois des commensaux, camarades de M. Rousset. Enfin arrive le tour de mon père ; le chef des agents s'approche de lui et l'interpelle ainsi :

« Et vous, qui êtes-vous ?... ne seriez-vous pas le citoyen Jean-Louis Rousset, de Montbrison ?... »

A quoi mon père répond tranquillement :

« Non, je suis de *Pannissières*. » Et les autres convives de confirmer : « Oui, ce citoyen est de Pannissières, etc., etc. »

Et d'après cette réponse ainsi confirmée, l'agent n'insiste pas davantage ; on emmène les trois convives arrêtés, et quinze jours après on apprenait qu'ils avaient eu la tête tranchée par la hache du bourreau (1).

Mais, M. Jean-Louis Rousset, échappé à cet interrogatoire par une réponse équivoque, songe à quitter l'hôtel ; il se dirige vers la porte qui donne issue sur la rue Saint-Jean ; et à peine mon père a-t-il descendu l'escalier, qu'il voit l'allée sur la rue Saint-Jean envahie par une escouade d'agents chargés, sans doute, d'empêcher toute sortie de ce côté. Que faire, que dire dans une position si critique ?... Sa présence d'esprit ne l'abandonne pas ; à la vue des gardes, il s'écrie : « C'est bien fait qu'on ait arrêté ces *muscadins ; en prison les aristocrates*, etc., etc. »

A ces mots et à cet air résolu, tous s'écartent et laissent sortir M. Rousset qui, parvenu dans la rue Saint-Jean, traverse bientôt plusieurs allées et arrive au faubourg de Vaise, d'où il se hâte de s'en retourner à Saint-Georges-de-Reneins, dans les cachettes du du bois Baron et chez Duchaîne, jurant bien de ne pas venir de sitôt montrer son nez dans Lyon.

Et, dès ce moment, M. Jean-Louis Rousset prit la détermination de renoncer à son office d'avoué à Montbrison, pour se fixer à Saint-Georges-de-Reneins où sa vie était plus en sûreté : « *Salus, prima lex.* »

_______

(1) Expédient qui a joué un si grand rôle sous la Convention : la *guillotine*, puisqu'il faut l'appeler par son nom : expédient que quelques modernes révolutionnaires osent encore prôner, à l'exemple de Marat, comme la *panacée universelle*. O honte de l'humanité !...

Voilà comment mon père a raconté lui-même à ses enfants le dernier danger que sa vie ait couru pendant la terreur, danger imminent dont il bénissait la Providence de l'avoir sauvé.

Plus tard, M. Jean-Louis Rousset a amené ses fils, encore jeunes, loger avec lui dans ce même hôtel de l'Étoile, chez ces mêmes *dames Teillard*, qui avaient été les témoins passifs de l'arrestation du 8 mars 1794, et de la fuite miraculeuse de mon père. Qu'on juge de l'épanchement du narrateur et du bon dîner que les hôtesses avaient préparé au *sauvé* et à sa famille, réunis, en 1807, dans la même salle à manger et à la même table ; alors que les nuages de l'horizon s'étaient bien éclaircis, et que ce qui était crime, en 1793 et 1794, était considéré par les mêmes hommes, par la même génération, comme un titre de gloire, d'honneur, de courage et de vrai patriotisme !...

O opinion humaine ! combien tu es légère, combien tu es versatile !... Mais, en 1807, la France était sous l'empire du grand Napoléon.

Ajoutons, pour achever cette notice,

Que, le 22 juillet 1794, M. Jean-Louis Rousset épousait, à Saint-Georges-de-Reneins, une jeune veuve du nom de *Marie Boisson*, qui appartenait à une famille respectable du pays, famille également très-nombreuse dans le Beaujolais ; laquelle jeune veuve résidait elle-même alors au hameau de Marsangues, près le *bois Baron*. Sans doute que le *lyonnais refugié*, pour se distraire de son exil et de sa solitude, avait cherché à nouer des relations avec les habitants du voisinage, et notamment avec la jeune veuve. En la voyant, il en devint amoureux, et par des visites assidues il parvint à gagner son cœur avant d'obtenir sa main; et l'hymen ne tarda pas à combler leurs vœux.

Car, de leur union légitime naquit, le 22 juillet 1795, un an juste après le mariage, *Philippe Rousset*, aujourd'hui avoué à Trévoux ;

Et le 23 mars 1798, *Antoine-Marie Rousset*, avocat et ancien notaire à Lyon, qui a tracé ces lignes pour avoir l'occasion de jeter quelques fleurs sur la tombe de son père et sur celle de son oncle l'abbé, tous deux enterrés au cimetière de Saint-Georges-de-Reneins ;

Et le 5 août 1800, *Antoinette Rousset*, aujourd'hui épouse de M. Richard, négociant à Vaise ;

Lesquels trois enfants seuls survivants furent les premiers gages de cet hymen.

Après son mariage mon père a consacré plusieurs années de sa vie soit à l'agriculture, soit au commerce des vins du Beaujolais qu'il conduisait à Paris.

Ajoutons que, le 6 novembre 1795, M. Jean-Louis Rousset fut nommé, à l'élection communale de Saint-Georges, membre du Conseil municipal ;

Et que, le 20 février 1801, il fut nommé maire de Saint-Georges-de-Reneins, fonction qu'il a remplie jusqu'au 9 janvier 1808 à la satisfaction de ses nouveaux concitoyens (1),

_______

(1) Grâce à la complaisance de M. Perret, maire actuel de Saint-Georges, j'ai pu vérifier les registres de la mairie et retrouver les dates officielles.

Et qu'il fût nommé, à la même époque, à l'élection cantonale de Belleville, premier suppléant du juge de paix. On m'assure qu'il ne lui manqua alors que peu de voix pour être nommé lui-même juge de paix du canton : témoignage de confiance , certes, très-honorable ;

Ajoutons que, le 31 juillet 1802 , M. Jean-Louis Rousset fut installé , en outre , en qualité de notaire à Saint-Georges-de Reneins, en remplacement de M. Danthoine, décédé, dont il avait acquis l'office : fonction qu'il a exercée également avec honneur jusqu'au 27 février 1811 , jour de son décès, arrivé accidentellement au grand regret de ses enfants, trop jeunes alors pour apprécier l'étendue de la perte qu'ils venaient de faire.

Et, pour donner ici un témoignage authentique de reconnaissance et de sympathie aux aïeux et à la famille ,

Rappelons que la généalogie de Jean-Louis Rousset avait été , savoir :

1° Jean-François Rousset , notaire à Pannissières , et postulant au siége de Feurs, décédé en 1780 , à l'âge de 47 ans, étant né le 3 février 1733, et Marguerite Ducreux , de Vaugneray, décédée en 1812, à l'âge de 75 ans, père et mère;

2° Pierre Rousset , de Vaugneray, qui, dès 1732, était également notaire à Pannissières , décédé en 1758, et Pierrette Moine , de Pannissières , aïeul et aïeule ;

Et la famille en collatérale, plusieurs frères notamment :

1° Pierre-Benoît Rousset, frère aîné, aussi notaire à Pannissières, décédé en 1823, à l'âge de 61 ans ;

2° Gabriel-Marie Rousset, notaire à Villechenève, décédé en 1831, âgé de 68 ans ;

Lesquels ont laissé chacun une nombreuse postérité ;

3° Et Geoffroy Rousset, épicier à Lyon, décédé en 1833, également à l'âge de 68 ans, etc., etc.

On comprend bien qu'il serait trop long d'énumérer tous les autres parents, frères ou sœurs, oncles, neveux, cousins ou alliés, quelque honorables qu'aient été leurs noms, et quoique plusieurs aient été victimes de la terreur.

Et cette généalogie est ainsi conservée, à l'exemple des anciens qui professaient une espèce de culte pour les générations précédentes et auraient craint extraordinairement de les déshonorer.

Telle a été la famille Rousset jusqu'ici ; la loyauté et la franchise la distinguaient ; l'union et l'amitié y ont toujours présidé.

Maintenant faut-il laisser le triste souvenir du funeste accident qui causa la mort de M. Jean - Louis Rousset ?

Qu'on se figure, pendant une nuit sombre et orageuse de la fin d'octobre 1810, vers les dix heures du soir, un cheval fougueux qui prend le mors aux dents sur la route de Villefranche à Saint-Georges , après le lieu appelé l'*Ave-Maria* , non loin du bois Baron et des Tournelles de Laye ;

Qu'on voie ensuite le char de côté que ce cheval traîne rapide comme le vent; ce char emporte madame Rousset et ses deux jeunes fils, et M. Jean-Louis Rousset qui , comme conducteur , est placé sur le siége de devant. Tout-à-coup le coursier indomptable ne connaît plus de frein, il lance des ruades derrière lui , casse la jambe de son conducteur qui est jeté violemment sur la route , et bientôt après, la mère et les deux fils se précipitent eux-mêmes et successivement du char sur le gravier , et ils se relèvent tout meurtris de leurs chutes , et ils accourent au secours de leur époux et père qui est étendu sur la route. La mère et les fils essaient de le redresser , mais il s'écrie : *Ah! mon Dieu , j'ai la jambe cassée !*

Enfin , qu'on voie la charrette d'emprunt appelée au secours, qui emmène le père de famille , gisant sur un matelas, accompagnée jusqu'au bourg de St-Georges , au domicile du blessé , par l'épouse et mère , par les deux jeunes fils , et quelques amis rencontrés par hasard sur la grande route pendant cette fatale nuit (1).

(1) Qu'étaient devenus le cheval fougueux et le char de côté ? Disparus après l'accident, ils furent retrouvés le lendemain , à une grande distance, dans un chemin de traverse, adossés tous deux contre un mur ; le cheval, a-t-on dit, était mal attelé.

Voilà la catastrophe dont M. Jean Louis Rousset mourut quatre mois après, soit le 27 février 1811, à l'âge de 44 ans.

Et, sous des couleurs poétiques, qu'on lise le récit de la mort d'Hippolyte, par Racine, dans la tragédie de Phèdre.

Mais, ô fatalité !.... ô providence !.... qu'on sache que déjà le père et le grand-père du même Jean-Louis Rousset avaient péri à la suite de chutes occasionnées par leurs chevaux !...

Avis aux enfants Rousset et au public pour être très prudents avec les chevaux !

Et qu'on remarque que la catastrophe est survenue dix-sept ans après, presque jour par jour et à la même heure où mon père abordait pour la première fois, vers le même lieu de l'*Ave Maria* et du Bois Baron, à St-Georges-de-Reneins, par une nuit sombre d'octobre 1793, guidé par le jardinier de M. Aynès après le siège de Lyon !...

Et qu'on remarque que ce lieu a été appelé ainsi : l'*Ave Maria*, à cause des nombreux sinistres de tous genres survenus près du même endroit !...

La légende antique rapporte qu'un grand prince ayant péri misérablement en ce lieu, sa veuve inconsolable y erigea un monument avec une chapelle dédiée à *Marie*, et une fondation perpétuelle de prières en l'honneur de son époux.

Exemple. — Le monument erigé de nos jours près de Paris, en l'honneur du duc d'Orléans, au lieu où il a péri , emporté aussi par des chevaux fougueux.

Aujourd'hui, la faulx du temps a tout détruit à l'*Ave Maria* , près Villefranche, *tout*, sauf une pierre tumulaire sur laquelle était gravé sans doute le récit de l'accident des anciens pèlerins ; c'est à peine s'il reste quelque trace de l'épitaphe ; seulement, au bas de la pierre, on peut lire encore ces deux mots : *Ave Maria.*

Mais les prières ont cessé ; aussi les événements désastreux se succèdent-ils chaque année près du même lieu de l'*Ave Maria* (1).

—

# CONCLUSION.

Cette notice, quelque imparfaite qu'elle soit, ne suffit-elle pas pour confirmer ce que j'ai dit en commençant, que nos pères ont mené une vie pleine de tribulations et d'agitations sous le règne de la Terreur?...

Voir au besoin l'*Histoire politique du Peuple de Lyon,* par Alphonse Balleydier ;

Les détails relatifs aux condamnés et le grand nombre des victimes font vraiment frémir d'horreur et de pitié.

(1) A ceux qui désireraient en savoir davantage sur ces nombreux sinistres, et aux incrédules, je dirai : Veuillez prendre la peine de vérifier les lieux et d'interroger vous mêmes les anciens du voisinage de l'*Ave Maria.*

En effet, en temps de révolution, les vainqueurs, les persécuteurs de la veille sont souvent les vaincus et les persécutés du lendemain ; il y a action et réaction continuelles, c'est comme une échelle qu'on monte et qu'on descend, c'est comme une roue qui tourne; chacun y passe à son tour.

Le peuple français qui, depuis soixante ans environ, se fait un jeu de secouer tous ses gouvernements, a été récemment comparé à ce coursier indocile qui de temps en temps secoue son cavalier et ses harnais, qui casse et brise tout sans discernement, qui galoppe, caracole et fait toute sorte d'écarts, de sauts et de cabrioles, mais qui finit toujours par revenir de lui-même se faire imposer les rênes et le frein.

O mes chers enfants, c'est à vous que je dédie ces souvenirs de famille; que la vie de votre bon aïeul Jean-Louis Rousset vous serve d'exemple et de leçon (1)!...

Et si jamais, dans le cours de votre carrière, vous vous trouvez exposés, comme vos parents, aux orages révolutionnaires, croyez-en ma vieille expérience :

---

(1) A Athènes autrefois on en vint aussi à changer souvent de gouvernement; à se lasser de tout, même de la paix, de la liberté, de la gloire et de la prospérité. Ce peuple, spirituel et léger, qui, sur son déclin, passait sa vie dans les théâtres ou sur les places publiques à écouter des orateurs, finit par être la dupe et la proie de tous les intrigants, de tous les ambitieux, les rhéteurs, les utopistes, les astronomes, les poètes, les baladins, les charlatans, les fripons.

éloignez-vous des *hommes de parti*, tenez-vous en garde contre les mauvaises passions , et rappelez-vous toujours que les principes de la religion , de la morale, de la probité , de l'honneur ; que les liens sacrés de la famille , de la société et de la patrie ; que le respect à la vieillesse et aux ancêtres, ce qui comprend leur histoire, et leurs conseils, et leurs vertus et leurs gloires ; que la reconnaissance envers tous les dévouements au pays , sont la base la plus solide des nations qui veulent prospérer et sont la seule boussole qui doive vous guider vous-mêmes sur cette mer pleine d'écueils appelée *Révolution*.

L'ingratitude porte malheur aux peuples comme aux individus ; la mobilité dans les lois et les institutions présage la décadence.

Voilà les traditions héréditaires, telles qu'elles étaient gravées dans mon cœur depuis mon enfance, et si j'ai désiré les épancher aujourd'hui sur le papier , c'est d'abord dans le but de vous les transmettre pures et intactes ;

Et c'est ensuite pour l'*honneur et la mémoire* de mon oncle l'abbé, M. Charles Rousset, pauvre jeune homme que la fatalité a enlevé de ce monde avant le temps de déployer ses belles qualités ;

Et pour l'*honneur et la mémoire* de mon père M. Jean-Louis Rousset, dont la vie, pleine de courage et de dévouement, a été cependant si souvent et si long-temps exposée et menacée.

« A défaut de mausolée en marbre et de superbes

monuments, le cœur seul a fait tous les frais de celui-ci. »

Et dans vos prières à l'Eternel, ô mes chers enfants ! joignez quelquefois aux noms de votre bon aïeul et de votre grand oncle, celui de votre père *Antoine-Marie Rousset* soussigné, *qui hoc monumentum pacis et filiorum pietatis erexit*

*Memoriæ patris et avunculi.*

Lyon, 20 mai 1850.

**A.-M. ROUSSET.**